BEI GRIN MACHT SICH IHR WISSEN BEZAHLT

AF151153

- Wir veröffentlichen Ihre Hausarbeit,
  Bachelor- und Masterarbeit

- Ihr eigenes eBook und Buch -
  weltweit in allen wichtigen Shops

- Verdienen Sie an jedem Verkauf

Jetzt bei www.GRIN.com hochladen und kostenlos publizieren

Bibliografische Information der Deutschen Nationalbibliothek:

Die Deutsche Bibliothek verzeichnet diese Publikation in der Deutschen National-
bibliografie; detaillierte bibliografische Daten sind im Internet über http://dnb.d-
nb.de/ abrufbar.

Dieses Werk sowie alle darin enthaltenen einzelnen Beiträge und Abbildungen
sind urheberrechtlich geschützt. Jede Verwertung, die nicht ausdrücklich vom
Urheberrechtsschutz zugelassen ist, bedarf der vorherigen Zustimmung des Verla-
ges. Das gilt insbesondere für Vervielfältigungen, Bearbeitungen, Übersetzungen,
Mikroverfilmungen, Auswertungen durch Datenbanken und für die Einspeicherung
und Verarbeitung in elektronische Systeme. Alle Rechte, auch die des auszugsweisen
Nachdrucks, der fotomechanischen Wiedergabe (einschließlich Mikrokopie) sowie
der Auswertung durch Datenbanken oder ähnliche Einrichtungen, vorbehalten.

Impressum:

Copyright © 2008 GRIN Verlag, Open Publishing GmbH
Druck und Bindung: Books on Demand GmbH, Norderstedt Germany
ISBN: 9783640637515

Dieses Buch bei GRIN:

http://www.grin.com/de/e-book/151873/bergbaukrise-die-erfahrungsgeschichte-
der-bergarbeiter-in-den-1940er-und

Jennifer Arrigoni

Bergbaukrise. Die Erfahrungsgeschichte der Bergarbeiter in den 1940er und 1950erJahren

GRIN Verlag

GRIN - Your knowledge has value

Der GRIN Verlag publiziert seit 1998 wissenschaftliche Arbeiten von Studenten, Hochschullehrern und anderen Akademikern als eBook und gedrucktes Buch. Die Verlagswebsite www.grin.com ist die ideale Plattform zur Veröffentlichung von Hausarbeiten, Abschlussarbeiten, wissenschaftlichen Aufsätzen, Dissertationen und Fachbüchern.

Besuchen Sie uns im Internet:

http://www.grin.com/

http://www.facebook.com/grincom

http://www.twitter.com/grin_com

Erfahrungsgeschichte der Bergarbeiter in den 1940er und 1950er Jahren

Inhaltsverzeichnis

1. Einleitung und Fragestellung

Das Thema meines Referates ist die Erfahrungsgeschichte der Bergarbeiter in den 1940er und 1950er Jahren.

Im ersten Teil meiner Arbeit werde ich mich mit der Zeit von 1939 bis 1945, also mit dem Zeiten Weltkrieg beschäftigen und darstellen, wie das Leben der Männer unter, aber auch über Tage aussah. Der zweite Teil soll zeigen, wie das Leben als „Kumpel" in der Nachkriegszeit und während des deutschen Wirtschaftswunders verlief. Dazu werde ich kurz das Leben eines Bergarbeiters darstellen, der auf Grund eines Forschungsprojektes mit dem Titel „Lebensgeschichte und Sozialkultur im Ruhrgebiet 1930 bis 1960" befragt wurde. Dieses Projekt fand Anfang der 80er Jahre statt und der Historiker Lutz Niethammer hat die Lebensgeschichten von Arbeitern aus verschiedenen Jahrgängen in drei Bänden veröffentlicht. Anschließend möchte ich noch allgemein auf die Lebens- und Arbeitsverhältnisse der Bergarbeiter und ihrer Familien zu dieser Zeit eingehen und dabei herauszufinden versuchen, inwieweit sich die politischen Zäsuren mit den Einschnitten, die die Bergarbeiter aus ihrer eigenen Sicht setzen würden, decken oder auch unterscheiden.

2. Die Erfahrungen der Bergarbeiter im Zweiten Weltkrieg

2.1. Kriegsgefangene und Zwangsarbeiter im Bergbau –Augenzeugenbericht

Die in einem Band gesammelten Lebensberichte von Bergarbeitern geben einen Einblick in das Leben vieler Bergarbeiter zwischen 1860 und 1980. So findet man auch einige Berichte über die Kriegsgefangenen im Ruhrbergbau, von denen ich einen im Folgenden kurz darstellen möchte.

Ein deutscher Bergmann erinnert sich daran, wie die Kriegsgefangenen, die Zwangsarbeit verrichten mussten, behandelt wurden. Er spricht von „Schandtaten"[1] an den Gefangenen und davon, dass sie wie der „letzte Dreck"[2] behandelt worden seien. Dazu nennt er ein Beispiel:

„Ein am Fuß verletzter Russe wurde mittels Transportband zum Stapel befördert. Als er dort ankam, wurde er nicht abgeladen und mit dem Stapelkorb zur Hauptförderstrecke gebracht, sondern man ließ ihn in den Kohlenbunker fallen, in dem er von der nachfallenden Kohle zugeschüttet wurde. Als er unten ankam, war er tot."[3]

---

[1] Braukmann, Willi: Bedrückende Arbeitsverhältnisse während der Kriegsjahre. 1942-1944, in: Walter Köpping (Hg.), Lebensberichte deutscher Bergarbeiter, Wien 1984, S. 352 (im Folgenden zitiert als: Braukmann, Arbeitsverhältnisse).
[2] Braukmann, Arbeitsverhältnisse, S. 352.
[3] Braukmann, Arbeitsverhältnisse, S. 352.

Außerdem weiß er noch, dass SS-Männer und Mitglieder der Partei bei den Schachtanlagen auftauchten, um nach dem Rechten zu sehen, denn die Disziplin der Bergarbeiter sei immer schlechter geworden. Daraufhin habe sich der Druck auf die Arbeiter verstärkt und sie seien wie Sklaven behandelt worden. Insgesamt empfand der Befragte die Arbeitsverhältnisse in dieser Zeit als sehr bedrückend.[4]

2.2. Die Situation der Bergleute während des Krieges

Zur Zeit des Zweiten Weltkriegs gab es viele Arbeiter aus dem Ausland, die im deutschen Bergbau tätig waren, wie man anhand des Beispiels gesehen hat.

Ein Grund dafür lag in dem seit 1937 herrschenden Mangel an Arbeitskräften im Ruhrbergbau.[5] Deswegen wurden zunächst einmal italienische Bergleute angeworben, die zahlreich nach Deutschland kamen. Allerdings kehrten die meisten von ihnen schon nach relativ kurzer Zeit wieder in ihre Heimat zurück, weil sie die Lebens- und Arbeitsbedingungen im Ruhrgebiet unerträglich fanden.

Auch die Bergarbeiter Polens wurden angeworben, aber bereits Ende des Jahres 1939 wurden sogenannte „Greiferkommandos" eingesetzt, die die Männer dazu zwangen, zum Arbeiten mit nach Deutschland zu kommen.[6]

Die Lebens- und Arbeitsverhältnisse der Bergleute waren nicht nur für die ausländischen Arbeiter schlecht, sondern auch für die deutschen, denn es gab beispielsweise keine Interessenvertretungen in Form von Betriebsräten und Gewerkschaften mehr, außerdem waren die Löhne im Vergleich zu der schweren Arbeit, die die Männer leisten mussten, niedrig und im April 1939 wurde die Schichtzeit unter Tage auf 8 ¾ Stunden erhöht.[7]

Die Bedeutung der Bergarbeiter aus dem Ausland nahm mit Kriegsbeginn immer mehr zu, weil sich viele der deutschen Bergleute freiwillig zum Krieg meldeten, obwohl sie eine sogenannte „Unabkömmlich"-Stellung hatten und weniger häufig als andere Arbeiter eingezogen wurden. Daraufhin erklärten sowohl die Grubenverwaltungen als auch die NS-Presse den Bergbau zu einem zentralen Abschnitt der „Heimatfront" und die Bergleute wurden als „Soldaten vor Kohle" oder als „Werksoldaten" bezeichnet. Doch trotz dieser Versuche, auf diese Art und Weise wieder mehr Männer an den Bergbau zu binden, drängten

[4] Braukmann, Arbeitsverhältnisse, S. 352.
[5] Köpping, Walter (Hg.): Lebensberichte deutscher Bergarbeiter, Wien 1984, S. 315 (im Folgenden zitiert als: Köpping, Lebensberichte).
[6] Zimmermann, Michael: Schachtanlage und Zechenkolonie. Leben, Arbeit und Politik in einer Arbeitersiedlung 1880-1980, Neuss 1987, S. 204 (im Folgenden zitiert als: Zimmermann, Schachtanlage).
[7] Köpping, Lebensberichte, S. 315.

sie weiterhin an die Front, um an den Kämpfen teilnehmen zu können.[8] Bereits im Sommer 1940 wurde die Feststellung gemacht, dass der Nachwuchsmangel im Bergbau auf längere Zeit gesehen zu „schweren Gefährdungen"[9] der Bergbaubranche führen würde, wenn man keine Maßnahmen unternehmen würde, um dem entgegenzusteuern. Insgesamt kann man sagen, dass die wirtschaftliche Lage im Bergarbeitermilieu in der ersten Kriegshälfte relativ akzeptabel war. So konnten einige Bergarbeiterfamilien beispielsweise mit der Organisation „Kraft durch Freude", die das Arbeitsleben angenehmer gestalten wollte, verreisen und trotz des Krieges gab es Hoffnung auf eine Fortsetzung des Lebens wie zu Vorkriegszeiten.[10]

Ganz anders dagegen sah das Leben der Zwangsarbeiter aus. Wie bereits am Anfang in dem Bericht des deutschen Bergarbeiters deutlich wurde, wurden die Kriegsgefangenen und Zwangsarbeiter sehr schlecht behandelt, sie wurden zum Beispiel nur unzureichend mit Nahrungsmitteln versorgt und waren Grausamkeiten ausgesetzt. Viele von ihnen fanden im Ruhrbergbau den Tod und 1942 war die Rede von einem „Verbrauch an russischen Gefangenen"[11] von einem Drittel pro Jahr, der wie schon erwähnt durch Tod, Krankheiten und Unfälle zustande kam, aber auch dadurch, dass einige in ein Kriegsgefangenenlager zurückgeführt wurden.[12]

Auch wichtig zu wissen ist, dass es innerhalb der verschiedenen Nationalitäten große Unterschiede in Bezug auf die Unterbringung, Bezahlung und Ernährung gab, denn das NS-Regime wollte die einzelnen Nationalitäten voneinander abgrenzen. Zum Beispiel durften kroatische Arbeiter ihre Baracken in der Freizeit verlassen, ein Kriegsgefangener aus der Sowjetunion dagegen hatte nicht die Erlaubnis dazu, er wurde sogar unter militärischer Bewachung zur Arbeit geführt.

Unter Tage sah es so aus, dass die Gefangenen hohe Leistungen bringen mussten, was auf Grund der unzureichenden Lebensmittelversorgung kaum zu bewältigen war. Einige der Deutschen zeigten ihre Solidarität für die Kriegsgefangenen, indem sie ihnen heimlich Nahrungsmittel mit in die Grube brachten. Allerdings waren dieses Tätigkeiten verboten und somit mit einem hohen persönlichen Risiko verbunden.[13]

---

[8] Zimmermann, Schachtanlage, S. 199.
[9] Zimmermann, Schachtanlage, S. 200.
[10] Zimmermann, Schachtanlage, S. 200.
[11] Zimmermann, Schachtanlage, S. 204.
[12] Zimmermann, Schachtanlage, S. 204.
[13] Zimmermann, Schachtanlage, S. 206-207.

In der zweiten Hälfte des Krieges verschlechterte sich auch für die deutschen Bergarbeiter die Lage erheblich, es gab viele Entbehrungen und die Bevölkerung hatte immer weniger Vertrauen in den „Führer" und in die Wehrmacht. Ab dem 1. März 1943 wurden auch Frauen in Über-Tage-Betrieben des Bergbaus beschäftigt und die Männer mussten sogenannte „Panzerschichten" ausführen, was für sie bedeutete, zusätzliche Schichten an Sonn- und Feiertagen zu machen.[14] Trotz der hohen Arbeitsleistung, die von ihnen verlangt wurde, bekamen die Arbeiter keinen Akkordzuschlag und viele von ihnen waren durch den Versorgungsmangel dazu gezwungen, zusätzlich noch landwirtschaftlichen Nebentätigkeiten nachzugehen, um die Familie versorgen zu können.[15] Die Lebensmittelrationen wurden 1943 zwar erhöht, weil die Rüstungsindustrie von der Leistungsfähigkeit der Bergarbeiter abhängig war, aber trotzdem reichten sie nicht aus.[16]

Nun stellt sich auch die Frage, wie es zu dieser Zeit unter Tage aussah. Die Steiger waren übermüdet und gereizt, weil sie großen Druck von der Grubenverwaltung bekamen und diesen gaben sie an ihre Untergebenen weiter. Obwohl es viele Überschichten und eine Verlängerung der Arbeitszeit gab, sank die Kohlenförderung und die Leistung pro Mann stark ab, was zum einen an Krankheiten, Unfällen und an der Müdigkeit lag, zum anderen aber auch an den meistens unerfahrenen Fremdarbeitern und Kriegsgefangenen sowie an Materialschwierigkeiten.[17] Zum Kriegsende hin wurde die Versorgung mit Lebensmitteln noch knapper und die Bergarbeiter bekamen kaum noch Schwerstarbeiterrationen.[18]

Im März 1945 wurde das Ruhrgebiet dann von alliierten Truppen eingekesselt und schließlich besetzt, woraufhin die Kohleförderung erst einmal zum Erliegen kam.[19]

3. Die Erfahrungen der Bergarbeiter von der Nachkriegszeit bis zum Ende der 1950er Jahre

3.1. Lebensbericht eines Neubergmanns in der Nachkriegszeit

Im Folgenden werde ich nun kurz den Lebensbericht eines Neubergmanns vorstellen.

August Kistner wurde 1926 im Sudetenland geboren. Noch bevor seine Lehrzeit zu Ende war, wurde er zum Arbeitsdienst einberufen und nach dem Krieg landete er im Kalibergbau in der sowjetischen Besatzungszone. Weil seine Familie jedoch in der amerikanischen Zone war,

---

[14] Köpping, Lebensberichte, S. 316.
[15] Zimmermann, Schachtanlage, S. 206.
[16] Zimmermann, Schachtanlage ,S. 206.
[17] Zimmermann, Schachtanlage, S. 202.
[18] Zimmermann, Schachtanlage, S. 208.
[19] Zimmermann, Schachtanlage, S. 209-210.

ging er heimlich über die Grenze und meldete sich im Kohlenbergbau. Dort lebte er in einem Lager, womit er allerdings nicht unzufrieden war, wie er selber sagt. Dazu ein Zitat von August Kistner:

„Ach, es war ja so, man hat ja ein Bett gehabt, eine Unterkunft. Das andere spielte keine Rolle. (...)da waren wir froh, wenn wir in der Baracke wenigstens noch trockene Räume hatten, Duschen, Toiletten, wurden verpflegt. Das spielte keine Rolle, ob das Lager war, oder ob ich privat gewohnt hab.“[20]

Seine Erfahrungen waren überwiegend positiv und Flüchtlinge seien im Ruhrgebiet menschlicher als in anderen Regionen aufgenommen worden. Außerdem sei die Einarbeitung unter Tage gut gewesen. So habe es zuerst eine Ausbildung in einem Lehrstreb gegeben und die alten Bergarbeiter seien hilfsbereit, menschlich und kameradschaftlich gewesen. Er sagt, dass nach dem Krieg auch viele Gebildete diesen Beruf ergriffen hätten und dass der Bergarbeiterberuf deswegen aufgewertet worden sei.[21] Außerdem ist die Rede von einer Sonderstellung des Bergmanns, denn für Sonderschichten gab es Care-Pakete, dazu Kistner:

„Da war man praktisch in der Zeit ein kleiner Millionär, ein Fürst, denn was da alles drin war...da stand wollen mal sagen, einem die Welt offen.“[22]

Später hat er dann geheiratet und ab 1953 hätten er und seine Frau eine Neubauwohnung in einem Vorort bekommen und konnten ihren Lebensstandard verbessern. Allerdings erwähnt er auch, dass es sich bei dem Gerede vom Spitzenlohn des Bergmanns nur um Gerüchte gehandelt habe.[23]

3.2. Die Situation der Bergleute nach dem Krieg und zur Zeit des Wirtschaftswunders in Deutschland

Als die alliierten Truppen das Ruhrgebiet am Ende des Krieges besetzt hatten, beschlagnahmten sie die Bergwerke.[24] Mit Ende des Krieges waren die schlechten Zeiten allerdings noch nicht vorbei und es sollte noch einige Jahre dauern, bis die Normalität in den Alltag wieder eingekehrt war. Die Arbeiterklasse im Ruhrgebiet sah sich in dieser Zeit, aber auch schon in den Jahren davor als Opfer der Politik, denn diese Bevölkerungsgruppe konnte

---

[20] Parisius, Bernd: Arbeiter zwischen Resignation und Integration. Auf den Spuren der Soziologie der fünfziger Jahre, S. 107-147, in: Lutz Niethammer (Hg.), Hinterher merkt man, daß es richtig war, daß es schiefgegangen ist. Nachkriegs-Erfahrungen im Ruhrgebiet, Bd. 2, Berlin und Bonn 1983, S. 134 (im Folgenden zitiert als: Parisius, Resignation und Integration).

[21] Parisius, Resignation und Integration, S. 135.
[22] Parisius, Resignation und Integration, S. 136.
[23] Parisius, Resignation und Integration, S. 136.
[24] Köpping, Lebensberichte, S. 375.

politische Entscheidungen nicht mitbestimmen. Das Ziel der Alliierten war, die deutsche Wirtschaft, besonders die im Ruhrgebiet, zu schwächen, um einen neuen Krieg zu verhindern.

In der folgenden Zeit kam es zu industriellen Demontagen und zur Vertreibung der Menschen aus dem Ruhrgebiet.[25] Weil die Kohle aber eine wichtige Rolle für den Wiederaufbau der Industrie in Europa spielte, musste die Förderung der Kohle aufrechterhalten werden. Die Alliierten wollten möglichst viel Kohle aus dem Ruhrgebiet erhalten, allerdings erwies sich dieses Vorhaben als problematisch, denn während des Krieges war in den Bergwerken schwerer Raubbau betrieben worden. Dazu kam aber noch ein Mangel an Arbeitskräften, weil die billigen Kräfte aus dem Ausland nun nicht mehr zur Verfügung standen und die damalige deutsche Belegschaft ein recht hohes Durchschnittsalter hatte. Zunächst war der Beruf des Bergarbeiters nicht besonders attraktiv, denn die soziale Lage der Bergleute war schlecht, weil die monatlichen Einkommen stark abgesunken waren. Außerdem war die Lebensmittelzuteilung zu niedrig, als dass die Männer volle Leistungsfähigkeit hätten zeigen können.[26] Dazu kamen auch noch die Unannehmlichkeiten, die mit der Arbeit im Bergbau verbunden waren: die Arbeit war dreckig, gefährlich und körperlich sehr hart.[27] Weil allerdings Arbeiter für den Bergbau gebraucht wurden, wurden materielle Anreize für die Bergarbeiter geschaffen, wozu eine Erhöhung der Lebensmittelrationen gehörte.[28] Die Bergarbeiter bekamen beispielsweise eine Ration von 3.500 Kalorien pro Tag, im Vergleich dazu bekam ein Normalverbraucher nur 1.550 Kalorien.[29] Ab Ende des Jahres 1946 gab es auch erste Sonderzuteilungen und zwischen 1947 und 1948 kam es drei Mal zur Ausgabe von Sonderpaketen („Care-Pakete"). Ein weiterer Anreiz waren steigende Löhne, Erhöhung der Knappschaftsrenten und der Verzicht auf Sonderschichten.[30]

Die Zahl der Arbeiter stieg allerdings nicht nur wegen der bereits genannten Vergünstigungen an, sondern auch, weil viele „Illegale" eine Beschäftigung im Ruhrbergbau fanden. Zu diesen Leuten gehörten beispielsweise Vermisste, untergetauchte Nazis, befreite Kriminelle und auch viele Soldaten. Sie konnten deswegen ohne große Probleme im Bergbau anfangen zu arbeiten, weil dort fast jeder Mann genommen wurde und man nicht zwangsläufig Papiere brauchte.[31]

---

[25] Schlieper, Andrea: 150 Jahre Ruhrgebiet, Düsseldorf 1986, S. 151 (im Folgenden zitiert als: Schlieper, Ruhrgebiet).

[26] Schlieper, Ruhrgebiet, S. 152.

[27] Rosemann, Mark: Arbeiter in Bewegung. Neubergleute im Ruhrrevier 1945-1958, S. 192-195, in: Lutz Niethammer, Bodo Hombach u.a. (Hg.), Die Menschen machen ihre Geschichte nicht aus freien Stücken, aber sie machen sie selbst. Einladung zu einer Geschichte des Volkes in NRW, 2. Aufl., Berlin/Bonn 1985, S. 193 (im Folgenden zitiert als: Rosemann, Neubergleute).

[28] Rosemann, Neubergleute, S. 193.

[29] Abelshauser, Werner: Der Ruhrkohlenbergbau seit 1945. Wiederaufbau, Krise, Anpassung, München 1984, S. 36 (im

[30] Abelshauser, Ruhrkohlenbergbau seit 1945, S. 37.

[31] Niethammer, Lutz: Privat-Wirtschaft. Erinnerungsfragmente einer anderen Umerziehung, S. 17-

8

Zwischen 1945 und 1958 gaben ungefähr eine halbe Million Männer ihren alten Beruf für den Bergbau auf und bekamen von der Zeche eine Unterkunft, Arbeitskleidung, Verpflegung und Kohle für die private Verwendung.[32] Allerdings wanderte ungefähr die Hälfte der Neubergleute in den ersten beiden Jahren wieder ab, weil sie mit ihrer sozialen Lage unzufrieden waren, wozu hauptsächlich auch die Wohnsituation gehörte, denn ihre Wohnungen waren zu klein und schlecht eingerichtet, was besonders für diejenigen Bergarbeiter mit Familie ein erheblicher Nachteil war. In den Jahren ab 1948 gab es dann ein Wohnungsbauprogramm für die Bergbauarbeiter, allerdings waren die finanziellen Mittel begrenzt und deswegen ging der Bau der neuen Wohnungen zunächst nur langsam voran.[33]

Viele der Neubergleute blieben aber auch im Bergbau. Die Gründe dafür waren folgende: der Lohn war zwar nicht übermäßig hoch, aber im Vergleich doch annehmbar. Dazu kam eine sehr gute Krankenversorgung und Altersrente, ab den 1950er Jahren entwickelte sich der Wohnungsbau für die Bergarbeiter recht schnell und sie hatten gute Aufstiegschancen.[34]

Insgesamt kann man sagen, dass die Bergarbeiter eine bessere Stellung als Arbeiter aus anderen Branchen hatten, weil sie in den Nachkriegsjahren sehr viel bessere Versorgungsmöglichkeiten hatten, was in dieser Zeit für die deutsche Bevölkerung zunächst noch eine wichtigere Rolle als materieller Wohlstand spielte..[35]

Ein einschneidendes Erlebnis nicht nur für die Bergarbeiter war die am 20. Juni 1948 stattfindende Währungsreform, sie stellte einen Wendepunkt im Leben der Deutschen dar und markierte den Anfang einer besseren Zeit und die Rückkehr der Normalität.[36] Jeder Bürger Westdeutschlands erhielt ein Kopfgeld in Höhe von 40 DM, womit der Anschein erweckt wurde, dass jeder Bürger gleich ist.[37] Zeitzeugen berichten, dass die Schaufenster bereits am nächsten Tag mit gehorteten Waren gefüllt waren und man auf einmal wieder Dinge kaufen konnte, auf die man lange hatte verzichten müssen.[38] Die Währungsreform gilt als gesellschaftliche Zäsur[39] und als einziges politisches Ereignis in der Nachkriegszeit, welches

---

105, in: Ders. (Hg.), Hinterher merkt man, daß es richtig war, daß es schiefgegangen ist. Nachkriegs-Erfahrungen im Ruhrgebiet, Bd. 2, Berlin und Bonn 1983, S. 134 (im Folgenden zitiert als: Niethammer, Privat-Wirtschaft), S. 41-42.

[32] Rosemann, Neubergleute, S. 193.

[33] Rosemann, Neubergleute, S. 194.

[34] Rosemann, Neubergleute, S. 194.

[35] Abelshauser, Ruhrkohlenbergbau seit 1945, S. 42.

[36] Herbert, Ulrich: Zur Entwicklung der Ruhrarbeiterschaft 1930 bis 1960 aus erfahrungsgeschichtlicher Perspektive, S. 19-52, in: Lutz Niethammer/Alexander von Plato (Hg.), Wir kriegen jetzt andere Zeiten. Auf der Suche nach der Erfahrung des Volkes in nachfaschistischen Ländern, Bd. 3, Berlin/Bonn 1985, S. 37 (im Folgenden zitiert als: Herbert, Ruhrarbeiterschaft 1930 bis 1960).

[37] Herbert, Ruhrarbeiterschaft 1930 bis 1960, S. 43.

[38] Niethammer, Privat-Wirtschaft, S. 81.

[39] Niethammer, Privat-Wirtschaft, S. 80.

eine Entscheidung der Politiker für jeden Bürger im Alltag erkennbar gemacht hat.[40] Die ein Jahr später stattfindende Gründung der Bundesrepublik Deutschland dagegen war für die Bevölkerung ein weniger bedeutendes Ereignis und die meisten von ihnen konnten sich später kaum noch daran erinnern, weil sich für sie nicht spürbar etwas geändert hat..[41]

Die Bergarbeiterfamilien erlebten die Anfänge des westdeutschen Wirtschaftswunders schon sehr früh in Form von Care-Paketen und Sonderzuteilungen.[42] In den 50er Jahren konnten sie sich technische Geräte wie zum Beispiel einen Fernseher oder Staubsauger kaufen und wie andere Familien auch träumten sie von einem eigenen Auto oder Haus. Allerdings konnten sie ihre materiellen Träume nur deswegen verwirklichen, weil in der Regel nun nicht mehr nur der Mann, sondern auch die Frau arbeitete. Die Frauen bekamen durch ihre Berufstätigkeit die Möglichkeit, ihren Horizont über das Bergarbeitermilieu hinaus zu erweitern und weil sie durch die Medien beeinflusst wurden, stellten sie andere Ansprüche als vorher und wollten am Wirtschaftswunder teilhaben. Sie wussten aber auch, dass sie selbst aktiv sein mussten, um ihre Ziele erreichen zu können.[43] Im Bereich der Kindererziehung gab es auch Veränderungen, dazu ein Zitat einer Bergarbeiterfrau:

„Als der zweite Sohn aus der Schule kam und arbeiten ging, habe ich mich mit meinen beiden Jungen zusammengesetzt und gesagt, hört mal meine Kinder...ich möchte, daß ihr euch draußen anständig benehmt auch großen Leuten gegenüber. Es braucht nicht jeder gleich sehen: das sind Kumpelkinder."[44]

An diesen Beispielen kann man sehen, dass sich das Bewusstsein der Bergarbeiter in Bezug auf ihre gesellschaftliche Stellung verändert hat. Sie wollten keine Proletarier mehr sein, sondern hofften auf Unabhängigkeit. Allerdings dauerte diese Entwicklung recht lange, weil die Bergarbeiter nach dem Krieg weiter als andere Klassen der Gesellschaft von ihren Vorstellungen und neuen Hoffnungen entfernt waren.[45] Denn obwohl die Löhne gut waren, blieben die Männer weiterhin Arbeiter, die sich ihre höheren Löhne und bessere Sozialleistungen hart erkämpfen mussten und trotzdem keinen gesellschaftlichen Aufstieg oder gar Verbürgerlichung erlebten. Für sie stand weiterhin die Arbeit im Vordergrund und deswegen spielten politische Ereignisse, die sie nicht direkt betrafen, keine Rolle für die

---

[40] Niethammer, Privat-Wirtschaft, S. 82.
[41] Herbert, Ruhrarbeiterschaft 1930 bis 1960, S. 43.
[42] Niethammer, Privat-Wirtschaft, S. 129.
[43] Einfeldt, Anne-Kathrin: Auskommen –Durchkommen -Weiterkommen. Weibliche
Arbeitserfahrungen in der Bergarbeiterkolonie, S. 267-296, in: Lutz Niethammer (Hg.), Die
Jahre weiß man nicht, wo man die heute hinsetzen soll. Faschismus-Erfahrungen im Ruhrgebiet,
Bd. 1, Berlin/Bonn 1983, S. 292 (im Folgenden zitiert als: Einfeldt, Auskommen -Durchkommen
–Weiterkommen).
[44] Einfeldt, Auskommen -Durchkommen –Weiterkommen, S. 290.
[45] Herbert, Ruharbeiterschaft 1930 bis 1960, S.44.

Männer und ihre Familien.[46] In den 1950er Jahren gab es im Leben der Bergarbeiter zwei Schwerpunkte, zum einen war das die Arbeit und zum anderen die Familie. Diese hatte sich besonders durch die neue Rolle, die den Frauen nun zukam, verändert. Die Kleinfamilie grenzte sich stärker von der Nachbarschaft und Verwandtschaft ab und führte ihr eigenes Leben.[47] Der Bergbau verlor im Laufe der 50er Jahre allerdings immer mehr an Bedeutung.[48] Dazu kam, dass die Kohlepreise so niedrig waren, dass die Kosten nicht gedeckt werden konnten und auf diese Weise etwa sechs Milliarden DM verloren gingen. Zu diesem Verlust kam noch der technologische Rückschritt gegenüber anderen europäischen Ländern.[49] Diese Tatsachen waren erste Vorboten für die Ende der 1950er Jahre einsetzende Bergbaukrise.

4. Fazit

Zusammenfassend kann man sagen, dass das Leben der Bergarbeiter während des Krieges durch einen Mangel an Nahrungsmitteln und sonstigen Entbehrungen geprägt war. Die Verhältnisse bei der Arbeit erlebten die Männer als bedrückend, weil sie jeden Tag sahen, wie schlecht die Zwangsarbeiter behandelt wurden. Aber auch sie selbst mussten hohe Leistungen bringen und waren einem erheblichen Druck ausgesetzt.

Das Kriegsende stellte noch keinen Wendepunkt im Leben der Bergarbeiter dar, denn zunächst änderte sich an den schlechten Lebensverhältnissen noch gar nichts und trotz Sonderrationen litt ein Großteil der Bevölkerung im Ruhrgebiet unter Hunger. Erst mit der Währungsreform trat eine Veränderung ein, denn ab diesem Zeitpunkt begann der wirtschaftliche Aufschwung. Dazu gehörte beispielsweise eine Verbesserung der Wohnsituation auf Grund von speziellen Wohnungsbauprogrammen für Bergarbeiter und auch der allmähliche Einzug von sogenannten Luxusgütern über den Grundbedarf hinaus in die Wohnungen der Bergarbeiterfamilien und der übrigen deutschen Bevölkerung. Nun stand nicht mehr der Kampf um das tägliche Überleben im Vordergrund, sondern die Menschen konnten alle Nahrungsmittel wieder problemlos auf legale Weise in Geschäften erwerben und hatten mehr Geld zur Verfügung, das sie unter anderem für ihre Freizeit nutzen konnten. Doch trotz der Verbesserung der Situation der Bergarbeiter blieben sie letztendlich weiterhin Proletarier, die hart arbeiten mussten, um selbst in den Genuss von Gütern kommen zu können, die das tägliche Leben erleichterten oder um ihre Freizeit beispielsweise durch Urlaubsreisen angenehm gestalten zu können.

---

[46] Herbert, Ruhrarbeiterschaft 1930 bis 1960, S. 43.
[47] Herbert, Ruhrarbeiterschaft 1930 bis 1960, S. 44.
[48] Schlieper, Ruhrgebiet, S. 166.
[49] Schlieper, Ruhrgebiet, S. 169.

Literaturverzeichnis

- Abelshauser, Werner: Der Ruhrkohlenbergbau seit 1945. Wiederaufbau, Krise, Anpassung, München 1984.

- Köpping, Walter (Hg.): Lebensberichte deutscher Bergarbeiter, Wien 1984.

- Niethammer, Lutz, Bodo Hombach u.a. (Hg.): Die Menschen machen ihre Geschichte nicht aus freien Stücken, aber sie machen sie selbst. Einladung zu einer Geschichte des Volkes in NRW, 2. Aufl., Berlin/Bonn 1985.

- Niethammer, Lutz (Hg.): Die Jahre weiß man nicht, wo man die heute hinsetzen soll. Faschismus -Erfahrungen im Ruhrgebiet, Bd. 1, Berlin/Bonn 1983.

- Niethammer, Lutz: Hinterher merkt man, daß es richtig war, daß es schiefgegangen ist. Nachkriegs –Erfahrungen im Ruhrgebiet, Bd. 2, Berlin/Bonn 1983.

- Niethammer, Lutz und Alexander von Plato (Hg.): Wir kriegen jetzt andere Zeiten. Auf der Suche nach der Erfahrung des Volkes in nachfaschistischen Ländern, Bd. 3, Berlin/Bonn 1985.

- Schlieper, Andrea: 150 Jahre Ruhrgebiet, Düsseldorf 1986.

- Zimmermann, Michael: Schachtanlage und Zechenkolonie. Leben, Arbeit und Politik in einer Arbeitersiedlung 1880-1980, Neuss 1987.

BEI GRIN MACHT SICH IHR
WISSEN BEZAHLT

- Wir veröffentlichen Ihre Hausarbeit,
  Bachelor- und Masterarbeit

- Ihr eigenes eBook und Buch -
  weltweit in allen wichtigen Shops

- Verdienen Sie an jedem Verkauf

Jetzt bei www.GRIN.com hochladen
und kostenlos publizieren